AS 100 MELHORES DICAS DE VENDAS
DOS ÚLTIMOS TEMPOS

Organização LESLIE POCKELL E ADRIENNE AVILA

AS 100 MELHORES DICAS DE VENDAS
DOS ÚLTIMOS TEMPOS

3ª edição

Tradução
Alexandre Feitosa Rosas

BestSeller

CIP-BRASIL. CATALOGAÇÃO-NA-FONTE
SINDICATO NACIONAL DOS EDITORES DE LIVROS, RJ

P792c
3ª ed.

Pockell, Leslie
As 100 melhores dicas de vendas dos últimos tempos / Leslie Pockell e Adrienne Avila ; tradução: Alexandre Feitosa Rosas. – 3ª ed. – Rio de Janeiro : Best*Seller*, 2012.

Tradução de: The 100 greatest sales tips of all time
ISBN 978-85-7684-195-1

1. Venda. I. Avila, Adrienne. II. Título.

08-0127

CDD: 658.85
CDU: 658.8

Texto revisado segundo o novo Acordo Ortográfico da Língua Portuguesa

Título original
THE 100 GREATEST SALES TIPS OF ALL TIME
Copyright © 2006 by Warner Books, Inc.

Publicado mediante acordo com Warner Books, Inc., New York, New York, USA.

Publicado em Inglês por Warner Books, Inc.
Uma divisão de Hachette Book Group USA, Inc.
1271 Avenue of the Americas, New York, NY 10020

Capa: Mello & Mayer
Diagramação: ô de casa

Todos os direitos reservados. Proibida a reprodução,
no todo ou em parte, sem autorização prévia por escrito da editora,
sejam quais forem os meios empregados.

Direitos exclusivos de publicação em língua portuguesa
para o Brasil adquiridos pela
EDITORA BEST SELLER LTDA.
Rua Argentina, 171, parte, São Cristóvão
Rio de Janeiro, RJ – 20921-380
que se reserva a propriedade literária desta tradução

Impresso no Brasil

ISBN 978-85-7684-195-1

Seja um leitor preferencial Record.
Cadastre-se e receba informações sobre nossos lançamentos e nossas promoções.

Atendimento e venda direta ao leitor:
mdireto@record.com.br ou (21) 2585-2002

Todo mundo vive de vender algo.

◆

Robert Louis Stevenson

INTRODUÇÃO

◆

Estamos sempre vendendo alguma coisa, o tempo todo. Por isso, milhões de palavras de aconselhamento têm sido escritas para ajudar as pessoas a melhorar suas vendas. Entre esses milhões de palavras, algumas se destacam pela clareza, especificidade e ampla aplicação não apenas na abertura de uma conta e no fechamento de uma venda, mas também para se levar uma vida proveitosa e coroada de êxito. Isso acontece porque vender é simplesmente uma das muitas formas de persuasão, e sem a capacidade de fazer alguém ver as coisas do nosso ponto de vista a humanidade continuaria num estado de barbárie muito mais primitiva do que aquela em que já vivemos hoje. Do mesmo modo, apesar de este livro ter sido pensado para oferecer aos profissionais de vendas um guia conciso para o melhor do que já foi pensado e dito a respeito dos fundamentos da área de vendas, o conhecimento aqui reunido pode ser aplicado também a outras áreas da atuação humana.

Este livro se divide em quatro partes. A primeira chama-se **Motivação**, porque ninguém pode vender nada a contento sem estar devidamente motivado. Alguns poderiam acreditar que a perspectiva de ganho financeiro seria suficiente para motivar qualquer candidato a vendedor, mas, em verdade, como muitas das pessoas aqui citadas enfatizam, o entusiasmo pelo que você está vendendo, e pelo processo de vendas em si, é pré-requisito para o sucesso das vendas.

A segunda parte do livro trata da **Preparação.** Por maior que seja a espontaneidade de uma bem-sucedida apresentação de vendas, ela só poderá colher benefícios do estudo, da prática e do pleno domínio das técnicas necessárias para convencer as pessoas a comprar o que temos a oferecer, seja um produto, um serviço ou um ponto de vista.

A parte mais extensa do livro trata da **Apresentação.** O inestimável aconselhamento nela contido vai da filosofia à psicologia, passando pelos princípios mais básicos da colocação de sua mensagem diante de um cliente em potencial. Entender o que seu cliente está buscando (sem necessariamente saber especificamente do que se trata!) é tão importante quanto um firme aperto de mãos ou um contato visual vigoroso.

A última parte chama-se **Serviço**, porque, por mais eficiente que seja a apresentação, preservar a confiança de um cliente depois da venda é essencial para considerar que obtivemos êxito.

As dicas deste livro representam o somatório da sabedoria de alguns dos maiores profissionais de vendas de todos os tempos, lado a lado com uma seleção de filósofos, poetas e gênios de todas as áreas. Esperamos que os vendedores de todos os lugares o considerem um guia útil e fonte de inspiração.

Gostaríamos de agradecer ao nosso editor, Jamie Raab, e ao nosso editorador, Rick Wolff, pelo apoio a esse projeto. Também gostaríamos de agradecer a Rebecca Isenberg, por sua fundamental contribuição editorial.

Leslie Pockell
Adrienne Avila

SUMÁRIO

◆

Parte 1	Motivação	11
Parte 2	Preparação	37
Parte 3	Apresentação	65
Parte 4	Serviço	105

Parte 1
Motivação

Acredite que terá êxito e terá.

Dale Carnegie

Os obstáculos são necessários para o sucesso porque nas vendas, como em todas as profissões, a vitória só vem depois de muitas batalhas e incontáveis derrotas. Não obstante, cada batalha, cada derrota, aviva nossa habilidade e nossos pontos fortes, nossa coragem e nossa resistência, nossa capacidade e nossa confiança, e, desse modo, cada obstáculo é um companheiro de guerra nos obrigando a melhorar... ou a jogar a toalha. Cada empecilho é uma oportunidade para avançar; fuja deles, evite-os, e estará jogando fora o seu futuro.

Og Mandino

A coisa mais importante da vida não é capitalizar
seus êxitos – qualquer imbecil pode fazer isso.
O que realmente importa é tirar
vantagem de seus erros.

◆

William Bolitho

A motivação é um fogo interior. Se alguém tentar acender esse fogo em você, ele provavelmente queimará por muito pouco tempo.

◆

Stephen R. Covey

Encontre uma ocupação que você adore e não terá
de trabalhar um único dia de sua vida.

◆

Confúcio

Recentemente, ouvi o principal vendedor de uma empresa fazer a seguinte declaração: "Não posso mais recomendar esse produto." Um consultor visitante respondeu: "Então está na hora de ir embora e procurar um produto ou serviço que você possa endossar." Uma semana depois, o vendedor Número 1 dessa organização deixou a empresa. Essa foi a melhor decisão? Sim. Quando você não acredita no seu produto ou serviço, está sendo desonesto com seus clientes atuais e potenciais ao apresentar as vantagens e qualidades daquilo que está vendendo. Nem me fale de conflito interno! Se você não acredita no seu produto ou serviço, e não está convicto de que ele fará aquilo que você diz que fará – então "está na hora de ir embora".

Byron White

Eu vou! Eu sou! Eu posso! Eu vou realizar meu sonho. Eu vou me empenhar. Eu vou me centrar e fazer acontecer. Eu vou resolver os problemas. Eu vou pagar o preço. Eu nunca vou me afastar do meu sonho antes de conquistá-lo: Alerta! Vivo! Realizado!

◆

Robert Schuller

A cada segunda-feira, estou uma venda mais
próximo – e a uma ideia de distância –
de me tornar milionário.

◆

Larry D. Turner

Você tem de focar sua mente no sucesso.
Tem de sentir que as coisas o estão favorecendo
quando estiver vendendo; do contrário,
não será capaz de vender nada.

◆

Curtis Carlson

Tenha sempre em mente que nossa própria
determinação de ser bem-sucedido é mais
importante que qualquer outra coisa.

Abraham Lincoln

O elemento essencial do magnetismo pessoal
é a sinceridade absoluta – a fé inabalável na
importância do trabalho que tem de ser feito.

◆

Bruce Barton

Na área de vendas, ser sincero é a parte mais fácil.
Trata-se simplesmente de se importar com o cliente
e acreditar naquilo que se está vendendo.
Se você não se sentir assim,
meu conselho é procurar outro emprego
ou um produto no qual você acredite.

Joe Girard

Motivação é a arte de conseguir que as pessoas
façam o que você quer que elas façam,
porque é o que elas querem fazer.

◆

Dwight D. Eisenhower

Dois vendedores de sapatos se viram numa região erma da África. O primeiro mandou um telegrama para o escritório central: "Não há perspectiva de vendas. Ninguém aqui usa sapato!"
O outro vendedor enviou a seguinte mensagem: "Ninguém aqui usa sapato. Podemos dominar o mercado. Mandem o maior estoque possível."

Akio Morita

Caia sete vezes.
Levante-se oito.

◆

Provérbio japonês

Não existe engarrafamento na
estrada dos persistentes.

Roger Staubach

As pessoas compram por suas próprias razões,
não por aquelas que oferecemos.

◆

Stephen E. Heiman

Uma vez, ouvi um vendedor de carros dizer:
"Eu negocio metal." Bem, eu discordo.
Se eu "negocio" de fato alguma coisa, estou
vendendo assistência e soluções. Essa, para mim,
é a essência da atividade de vendas.
É isso que um bom vendedor realmente faz –
identificar uma necessidade e supri-la.

Marion Luna Brem

Quando temos paixão por nosso produto,
vender é o resultado indireto mais natural
do compartilhamento desse amor.

◆

Kae Groshong

Um vendedor sem entusiasmo
é apenas um funcionário.

◆

Harry F. Banks

A sinceridade é a maior parte da venda de qualquer coisa. Foi o que eu descobri de mais valioso além da salvação. E eu tinha certeza de que, quando estava vendendo escovas Fuller, elas eram as escovas mais extraordinárias do mundo.

◆

Billy Graham

Não existe no mundo nada mais fantástico do que
quando alguém da equipe faz bem alguma coisa,
e todos o cercam para congratulá-lo.

Billy Martin

Sua grande oportunidade pode estar
exatamente onde você está agora.

◆

Napoleon Hill

Parte 2
Preparação

Um segredo importante do sucesso é a
autoconfiança. Um segredo importante
da autoconfiança é a preparação.

◆

Arthur Ashe

Quando estamos preparados, ficamos mais confiantes. Quando temos uma estratégia, ficamos mais à vontade.

◆

Fred Couples

A falha na preparação
é a preparação para a falha.

◆

Benjamin Franklin

Somos aquilo que fazemos repetidamente.
A excelência, portanto, não é um ato,
mas um hábito.

◆

Aristóteles

Nunca deixe de lançar seu anzol;
no lago onde menos se espera
haverá um peixe.

◆

Ovídio

Internalize a Regra Áurea das vendas, que diz:
"Todas as coisas sendo iguais, as pessoas farão
negócios com e recomendarão negócios para aquelas
pessoas que elas conhecem, de quem gostam
e em quem confiam."

◆

Bob Burg

Preencha seus dias com esforços
– esforços redobrados.

◆

Thomas J. Watson

Conheça seu produto.
Visite muitas pessoas.
Peça a todas que comprem.
Use o bom senso.

◆

Arthur H. "Red" Motley

Muitas coisas pequenas tornaram-se grandes
pelo tipo certo de propaganda.

◆

Mark Twain

Eu sou o pior vendedor do mundo,
portanto, devo tornar fácil para as pessoas
o exercício da compra.

◆

F. W. Woolworth

A coisa mais importante que você pode fazer
para evitar o suor nas mãos é ensaiar.
A segunda coisa mais importante que você
pode fazer para evitar o suor nas mãos é ensaiar.
Adivinhe qual é a terceira coisa?

◆

David Peoples

Afirma-se que Ralph Waldo Emerson teria dito que se um homem sabe fazer uma ratoeira mais eficiente que a do vizinho o mundo irá bater à sua porta. Sua real declaração foi registrada num periódico da seguinte forma: "Se um homem tem milho, ou madeira, ou tábuas, ou porcos de qualidade para vender, ou sabe fazer cadeiras ou facas melhores, se os seus crucifixos ou órgãos de igreja são os melhores, veremos uma trilha larga e bem pisada no chão levando até sua casa, mesmo que ele more numa floresta."
A frase sobre a ratoeira foi escrita por um publicitário, Elbert Hubbard, que a atribuiu a Emerson 28 anos depois de sua morte! Emerson teve a ideia brilhante, mas foi preciso um bom redator para torná-la memorável. (...) Você pode ter ótimos produtos e serviços, mas se não se comunicar bem, estará fadado ao fracasso.

◆

Matt Michel

Planeje seu progresso com toda a atenção;
hora após hora, dia após dia, mês após mês.
Atividade organizada e entusiasmo constante são
as fontes do seu poder.

◆

Paul J. Meyer

Não comece o dia sem antes
tê-lo terminado no papel.

Jim Rohn

Ao deixar um recado com uma recepcionista, peça a ela que lhe dê uma hora específica em que seu cliente em potencial esteja disponível para falar com você e não deixe de ligar nesse horário. Pegue o nome da recepcionista, e chame-a pelo nome toda vez que ligar para o possível cliente. Lembre-se de ser educado com todos com quem falar, pois cada pessoa é uma porta entre você e seu objetivo.

◆

Ron Coxsom

Se você estiver fazendo ligações de telemarketing e estiver tendo dificuldade para ultrapassar a barreira da recepcionista, da próxima vez que ligar para a empresa suba ou desça um número no último dígito do telefone geral para falar com outra pessoa que possa ser mais solícita. Toda vez que fiz isso, pessoas que não eram a recepcionista foram extremamente prestativas.

◆

Todd Benadum

Não existe mágica, nem é necessário ter o dom.
O que é indispensável é um método com disciplina
e organização. Se tiver isso, você se sairá melhor
que o excelente vendedor que nem sempre
compreende bem o processo que realiza. Vender é,
definitivamente, algo que se pode aprender.

◆

Steve Bostic

O aperto de mãos de negócios é uma técnica
de vendas essencial para produzir uma impressão
duradoura. A primeira coisa que se deve fazer
ao visitar um cliente em potencial é estender-lhe a
mão. Não há homem de negócios, seja onde for,
que não lhe diga que o bom aperto de mãos de
negócios deve ser dado com firmeza. Apesar disso,
muitas vezes as pessoas estendem a mão para o
cliente sem nenhum entusiasmo. Para se ter um
bom aperto de mãos de negócios, posicione sua mão
de modo a ter um contato completo com a da outra
pessoa. Uma vez em contato, feche o polegar
sobre a mão dela e dê um leve aperto.
Será o início de uma forte relação de negócios.

◆

Lydia Ramsey

No final dos anos 1980, eu era um vendedor de alarmes contra ladrões extraordinariamente malsucedido, invariavelmente aparecendo em último lugar na lista das vendas semanais. Como ávido jogador de golfe desde a faculdade, me saía melhor praticando o esporte e ainda competia como profissional de meio período. Durante uma partida em 1988, disse a meu parceiro o modo exato como pretendia chegar ao 18º *green*: daria uma tacada de 180 metros e faria com que descrevesse uma curva de 35 metros da esquerda para a direita, fazendo a bola cair a cerca de 2 metros do buraco. Em seguida, fiz exatamente isso. Meu amigo, perplexo, perguntou qual era o meu segredo. Eu disse: "Pratiquei durante anos. Treinei. Eu tinha na tela da imaginação o que estava tentando fazer." E foi aí que caiu a ficha: é assim que os grandes vendedores fazem. Eles praticam. Eles treinam. Percebi que se me esforçasse tanto nas vendas como tinha feito no golfe, jamais repetiria o passado. E foi o que eu fiz.

◆

Dave Hegan

Toda venda possui cinco obstáculos básicos:
ausência de necessidade, ausência de dinheiro,
ausência de pressa, ausência de desejo,
ausência de confiança.

◆

Zig Ziglar

É simples: venda para pessoas que queiram
o seu produto; esqueça quem não quiser.
Tentei durante anos fazer com que as pessoas
quisessem comprar um Macintosh. Estávamos
tentando vender um sonho de como o mundo
poderia se tornar um lugar melhor. Esse tipo de
venda exige uma postura diferente daquela
de quem está tentando alcançar a cota.
Algumas pessoas entendiam em trinta segundos.
Outras não entendiam, e jamais o fariam.
Levei algum tempo para aprender que não é
possível converter ateus. Não se pode
vender petróleo para os árabes, nem geladeira
para esquimós. Nem tente.

◆

Guy Kawasaki

Deixe seus clientes potenciais escorrerem pelo funil até o fim. Passe os atuais clientes potenciais por uma peneira. O maior erro que os vendedores cometem é insistir sempre nos mesmos clientes potenciais, que nunca dão retorno. Se você nunca conseguiu chegar a lugar algum com um grupo específico de clientes em potencial, passe adiante e descubra um novo grupo. Ser persistente é bom. Entretanto, se você gastar tempo demais em trilhas infrutíferas, vai acabar ficando esgotado. Depois que o rebanho de um pastor comer toda a grama de um determinado pasto, estará na hora de encontrar um novo. Se ele não seguir adiante, suas ovelhas morrerão de fome. Siga adiante se não estiver conseguindo nada dos seus antigos clientes, e retorne algum tempo depois.

◆

Larry Duca

Pode-se aprender muito sobre vendas e marketing estudando os insetos. Os dois insetos que eu mais gosto de observar são os abelhões e as aranhas. O abelhão chega a voar 80 quilômetros para longe de casa a fim de polinizar uma flor que lhe ofereça uma "oportunidade" realmente especial.
Lá vem aquela abelha enorme. Lá vai aquela abelha enorme. Vai acumulando tantas milhas quanto o campeão dos programas de milhagem... entende o que queremos dizer? A aranha, por outro lado, põe menos ênfase na "venda direta" e se dedica mais a estudar os melhores princípios de vendas e marketing. Faz pesquisa de mercado e descobre que se puser sua teia numa região de tráfego intenso irá capturar mais do que sua cota de "clientes" sem ter de pôr sequer uma escova de dentes na mala para fazer aquelas longas viagens. O marketing estratégico sempre supera a venda com os pés na estrada. Quem disse que não é possível ganhar a vida plantado no mesmo lugar? Sedentários do mundo, regozijai-vos... mas tomem conta da sua "rede".

◆

Stan Rosenzweig

Quando me preparo para uma apresentação de vendas, tento pensar como o meu cliente e como o meu concorrente. Tento identificar cada objeção que eles poderiam fazer à minha apresentação. Escrevo essas objeções e, então, procuro um modo de responder a cada uma delas em três linhas ou menos. Já passei esses "roteiros" para representantes de vendas, que então os usaram em suas apresentações. É impressionante como até mesmo o mais entediante representante de vendas consegue se transformar num grande vendedor simplesmente por ter aprendido a transmitir alguns argumentos simples. Se você conseguir mobilizar um cliente de tal modo que ele, ou ela, não consiga refutar seu argumento, terá vencido.

◆

Mark Jarvis

A pessoa nasce uma boa vendedora ou a arte de vender
é uma aptidão natural? Não tinha certeza da resposta
certa até ter a sorte de conhecer o maior vendedor que já
existiu. Ele se chamava Ben Feldman. Você, provavelmente,
nunca ouviu falar nele, mas deveria. Em 1979, quando eu
trabalhava para a New York Life Insurance Company,
Ben liderava o mercado de vendas. Estou me referindo
a todas as seguradoras, não só à minha. Aliás, é injusto
dizer que ele liderava o mercado – ele o dominava.
Os nove primeiros nomes estavam todos razoavelmente
próximos um do outro. Ben Feldman tinha o triplo do
desempenho de seu concorrente mais próximo.
Eu nunca tinha visto uma foto de Ben, mas imaginava
como era. Extrovertido, alto, agressivo, voz possante.
De fato, acho que eu o via como uma combinação de todos
os estereótipos que havia sido levado a acreditar serem
necessários para alguém se tornar um vendedor de sucesso.
Um dia, tive o raro prazer de conhecer esse homem, e, de
certo modo, ele mudou minha vida. Ben Feldman tinha
mais ou menos 1,60m, estava um pouco acima do peso,
o cabelo lembrava um pouco o do Larry de "Os Três
Patetas", e falava um pouco arrastado. Nem um pouco
o que eu esperava. Em questão de segundos, porém,
senti-me envolvido pelo estilo personalíssimo que

o caracterizava. Ele não possuía nenhum dos mais típicos pontos fortes que associamos com o sucesso que conquistara, e, mesmo assim, mantivera-se fiel ao seu estilo, tornara aquilo que ele tinha os seus próprios pontos fortes, e era o líder na sua área de atuação.

Foi ali, naquele momento e lugar, que aprendi a lição mais importante que teria em toda a minha vida no que diz respeito ao nosso estilo pessoal e muito peculiar: eu não podia ser Ben Feldman; podia, no entanto, concentrar-me em sua técnica ou processo e continuar a me perguntar: "Como posso fazer isso do modo especial de Rob Jolles? Qual é o meu estilo pessoal? Os pontos fortes de Rob não são os pontos fortes de Ben, mas, com honestidade, os de Ben também não são os de Rob. (...) Qualquer um pode vender? Com certeza! O segredo é separar estilo de técnica. (...) No verão de 1994, Ben Feldman faleceu, mas não sem antes nos deixar mais alguns presentes. (...) Ele ensinou a todos nós que se formos fiéis ao nosso estilo pessoal e não nos preocuparmos com os pontos fortes ou o estilo dos outros, podemos alcançar o patamar que desejarmos.

Robert L. Jolles

Parte 3

Apresentação

Se decidir fazer algum comentário, fale com clareza;
elabore cada palavra antes de lançá-la no ar.

◆

Oliver Wendell Holmes

Lembre-se, o que seus clientes compram não é o seu produto. É você. E se eles o compram, serão capazes de vender seu produto para você. Trato os meus clientes em potencial como trataria um estranho que quisesse transformar em amigo.

◆

Alfred E. Lyon

Nunca se esqueça que importante não é o quê e como você *vende* alguma coisa,
é o quê e como o seu cliente deseja *comprar*.

◆

Freeman Gosden

Venda barato e diga a verdade.

Rose Blumkin

Ao percorrermos a estrada da vida... seja qual for nosso objetivo, não podemos vender rosquinhas sem reconhecer o furo no meio.

◆

Harold J. Shayler

Ninguém consegue lembrar mais
do que três pontos.

◆

Philip Crosby

Os consumidores normalmente compram por
impulso, não por lógica. Baseiam sua decisão
de compra no modo como se sentem a respeito
do produto ou serviço. Faça-os se entusiasmarem
diante da perspectiva de uso do seu produto
ou serviço e aumentará suas vendas.

◆

Bob Leduc

O comprador-espectador deve invejar a si próprio
ao imaginar como seria se comprasse o produto.
Deve imaginar-se transformado pelo produto
num objeto de inveja das pessoas, inveja que
justificará o amor a si mesmo. Pode-se dizê-lo de
outra forma: a imagem publicitária lhe rouba
o amor que ele tem por si tal como ele é, e o oferece
de volta pelo preço do produto.

◆

John Berger

Venda para pessoas que queiram o que você tem.
Descubra quem são essas pessoas perguntando isso
a elas. Faça quantas perguntas for preciso para saber
se elas são boas clientes em potencial.
Seja radicalmente honesto. Não invente para
despertar o interesse das pessoas. Se não houver um
clique evidente, deixe-as ir – sem demora.

◆

Jacques Werth

Se um produto não estiver saindo, minha decisão é
recolhê-lo, pois ele estará ocupando o espaço
de outro item da minha linha que tenha saída.
Além disso, deixar que um produto junte poeira nas
prateleiras não ajuda muito nossa imagem.

◆

Norman Melnick

As pessoas não gostam de sentir que estão lhes vendendo algo, mas adoram comprar.

◆

Jeffrey Gitomer

Neste mundo, é vital ser insistente;
fatal é carregar essa imagem.

◆

Benjamin Jowett

O arqueiro atinge o alvo, em parte, por tensionar, em parte, por relaxar. O remador atinge a terra, em parte, por tensionar, em parte, por relaxar.

◆

Provérbio egípcio

Toda mensagem nova faz com que a anterior seja esquecida. O que você quer que seus ouvintes escutem? Fale com clareza e confiança...
então cale a boca.

◆

Adrian Savage

A maioria das pessoas pensa que "vender" equivale
a "falar". Mas os vendedores mais eficazes sabem
que ouvir é a parte mais importante dessa atividade.

◆

Roy Bartell

Quando as pessoas falarem,
escute com total atenção e até o fim.
A maioria das pessoas nunca escuta.

◆

Ernest Hemingway

Certifique-se de parar de falar antes
de seus ouvintes pararem de ouvir.

◆

Dorothy Sarnoff

Se você deseja eliminar a resistência às vendas,
trate seus clientes potenciais como gostaria
de ser tratado – como um igual.

◆

Gill E. Wagner

As vendas tradicionais baseiam-se na venda
do produto ou do serviço, e até que os compradores
saibam de que maneira suas decisões e suas novas
compras irão afetar seu modo de vida,
eles irão adiar a decisão.

◆

Sharon Drew Morgen

Um vendedor medíocre fala. Um bom vendedor explica. Um vendedor excelente demonstra. Um extraordinário vendedor conduz os compradores a enxergarem as vantagens como sendo uma descoberta deles.

◆

Carolyn Shamis

O vendedor esperto apura os ouvidos
para as emoções, não para os fatos.

◆

Anônimo

Nunca dê menos atenção à mulher do que ao homem. Só porque não é ela que está comprando não quer dizer que não possa vetar a compra.

◆

Victoria Gallegos

Se eu disser algo, eles podem duvidar de mim.
Se eles disserem, será verdade.

◆

Tom Hopkins

Quando as pessoas riem de nossas piadas,
estão involuntariamente concordando
com nossa mensagem.

◆

Jim Richardson

Um dos mecanismos necessários para se vender é a diversão; quanto mais divertirmos nossos clientes potenciais, maiores serão as chances de criar um vínculo pessoal. Isso não significa ir para um bar ou clube. Significa ser interessante e animado durante sua apresentação.

◆

David Beacham

Aos três anos, todos possuímos três importantes
habilidades para realizar a venda: persistência,
criatividade e capacidade de fazer uma
pergunta atrás da outra.

◆

Dirk Zeller

"Não" nunca significa "Não" –
significa apenas
"Agora não".

◆

Mark Bozzini

Trate o careca com intimidade; fale ao sábio com comicidade; encare o jovem com rosto sério; elogie o gordo por sua graça.

◆

Helen Rowland

Um antigo vendedor, de cabelos grisalhos,
que já havia visto de tudo, deu-me um dos melhores
conselhos: "Apenas *venda* o que tiver de vender
e não fique fazendo teatro."

◆

John Carlton

A melhor forma de vender algo para alguém
é retratar as coisas como elas são – o que parece
simples, mas na verdade não é. Veja o exemplo
do pessoal em Detroit. Sempre fico espantado com
o modo como eles vendem carros. Em vez de limitar
o que dizem às vantagens do carro, falam de estilo
de vida e de ser descolado – ou da tecnologia
do diferencial, da cremalheira e do pinhão.
Ninguém sabe o que essas coisas querem dizer!
As pessoas sabem quando estão sendo enroladas.
Portanto, a melhor forma de vender é
não tentar enrolá-las.

◆

Tom Scott

Imagine que você ficou tão doente que o médico teve de ir vê-lo em casa. Então, quando o médico chegou, começou lhe dizendo que você deveria comprar uns comprimidos, uma vacina especial que estava à venda naquela semana, compressas da marca X que reduziriam o tempo de cicatrização em 57 por cento e um seguro de vida do irmão dele. (...) Eu não pediria que esse médico voltasse, mas, parece incrível, muitos representantes de vendas fariam uma abordagem semelhante e ainda se perguntariam por que os clientes não compram deles.

Ao fazer uma apresentação de vendas, identifique a dor de cabeça do seu cliente em potencial, o que o deixa acordado à noite. Quando tiver identificado pelo menos três áreas problemáticas que o preocupam, então mostre a aspirina (a solução) que irá eliminar a dor de cabeça.

◆

Martien Eerhart

Somente depois de avaliar corretamente as necessidades do seu cliente em potencial você deve mencionar alguma coisa sobre o que tem a oferecer. Conheci um cara que vendia manequins (não estou brincando)! Ele estava tão preso ao seu modo habitual, automatizado, que nunca se dava ao trabalho de perceber que o cliente não estava sequer respirando. Não caia nessa armadilha. Saiba com quem está falando antes de decidir o que pretende dizer.

Len Foley

Eu tinha 11 anos e vendia sabonetes de porta em porta para bancar o acampamento da ACM. Dizia: "Olá, meu nome é Brian Tracy. Estou vendendo o sabonete de beleza Rosamel. Gostaria de comprar uma caixa?" As pessoas diziam: "Não, não estou precisando, não quero, estou sem dinheiro", etc. Eu ficava bastante frustrado – até mudar meu discurso de apresentação: "Estou vendendo o sabonete de beleza Rosamel, mas ele é exclusivo para mulheres bonitas." Pessoas que antes se mostravam completamente desinteressadas diziam: "Bem, então não é pra mim. Não faria efeito em mim. Quanto custa?" Comecei a vender sabonetes como se fosse pãozinho quente.

◆

Brian Tracy

Cative seus ouvintes contando histórias. Comece a história antes mesmo das apresentações iniciais e use-a para atrair a atenção e assumir total controle. Que tipo de história deve ser contada? As melhores histórias são aquelas com as quais o cliente em potencial possa se identificar.

Conte uma história sobre um de seus clientes que estava com um problemão e diga como ele foi resolvido com o negócio que vocês fecharam. Torne a história cativante descrevendo-a em detalhes emocionais vívidos – quem estava sofrendo com o problema, de que modo isso modificava suas vidas, como se sentiam e o que houve depois que a solução mudou isso tudo?

Pegue os pontos mais vantajosos que tiver a oferecer e entrelace-os na história. Eles terão impacto dez vezes maior e serão lembrados se forem passados desse modo.

◆

Shamus Brown

Faça contato visual, sobretudo quando estiver enfatizando a razão-chave da conversa. O contato visual é um aperto de mãos com os olhos; é a forma de entrar em contato não verbal com seu interlocutor. Não encare a pessoa, mas estabeleça um vínculo firme com os olhos. Quando você olha para alguém, está dizendo: "Preste atenção em mim."

◆

Stephen Boyd

Em sua conclusão, uma boa apresentação resume os temas-chave de um modo que faz os ouvintes terem a sensação de que acabaram de sair da Floresta Encantada na Disney. Eles aprenderam algumas coisas, passaram por alguns momentos agradáveis, com algumas surpresas ao longo do caminho – e terminaram com a exata noção de onde estavam quando atingiram o final.

◆

Jim Endicott

Esteja sempre concluindo. Esteja sempre concluindo! Esteja sempre concluindo!! Atenção, interesse, decisão, ação.

◆

David Mamet

Parte 4

Serviço

É extremamente importante servir de apoio para o seu cliente. Se você puder ajudá-lo a ter êxito, então é mais do que provável que você também tenha êxito.

◆

Lee Ann Obringer

A qualidade não é uma coisa que se possa inventar
ou prometer. Ela tem de existir. Se não existir,
o discurso de vendas mais hábil do mundo
não poderá substituí-la.

◆

C. G. Campbell

Ser competitivo em termos de preço e qualidade
pode apenas garantir seu acesso ao jogo.
O serviço é o que o tornará vencedor.

◆

Tony Alessandra

Faça um cliente,
não uma venda.

Katherine Barchetti

Não é obrigação dos seus clientes se lembrarem
de você. É sua obrigação e responsabilidade
assegurar-se de que eles não
conseguirão esquecê-lo.

◆

Patricia Frip

Clientes negligenciados nunca compram;
desaparecem.

◆

Elmer G. Leterman

O cliente é Deus.

◆

Provérbio japonês

O único modo de saber como os clientes veem o seu
negócio é observá-lo através dos olhos deles.

◆

Daniel R. Scroggin

Para satisfazer a necessidade de nossos clientes,
daremos a eles o que eles querem, não
o que nós queremos dar.

◆

Steve James

Eis aqui uma regra simples, mas poderosa –
sempre dê às pessoas mais do que elas
esperavam obter.

◆

Nelson Boswell

Regra nº 1: O cliente tem sempre razão!
Regra nº 2: Se o cliente estiver errado,
releia a Regra nº 1.

◆

Stew Leonard

Venda mercadorias úteis, testadas,
com um lucro aceitável, trate seus clientes como
seres humanos – e eles voltarão sempre.

◆

L. L. Bean

Perdedores fazem promessas que frequentemente não cumprem. Vencedores assumem compromissos que frequentemente honram.

◆

Denis Waitley

Sirva sempre em excesso a deliciosa calda quente do sundae. Isso deixa as pessoas extremamente satisfeitas e faz com que se sintam em dívida em relação a você.

◆

Judith Olney

Faça sempre mais do que é
exigido de você.

◆

George S. Patton

Outros títulos publicados pela Editora Best*Seller*

A ARTE DE VENDER
Mark. H. McCormack

Mark McCormack mostra em *A arte de vender* que as pessoas jamais conseguiram submeter a modismos a atividade mais importante nos negócios: a venda. Isso porque teorias sobre gerenciamento são, e precisam ser, adaptadas às transformações nos cenários social, político e financeiro. O processo de venda, no entanto, nunca muda. As vendas sempre consistiram e sempre consitirão em uma dinâmica simples: identificar o cliente, chegar até ele e convencê-lo a comprar.

ONDE ESTÁ O GORILA?
Richard Wiseman

O gorila é uma poderosa e divertida metáfora para o que o autor chama de "pontos cegos psicológicos", que nos impedem de enxergar a solução óbvia para um problema aparentemente difícil. Richard Wiseman ensina como aumentar sua percepção para descobrir excelentes oportunidades e aproveitar as chances que aparecem de modo inesperado. Melhorando sua capacidade de identificar as chances a sua volta, você poderá começar um negócio rentável ou até mesmo encontrar seu parceiro ideal.

METAS
Brian Tracy

O especialista em treinamento empresarial Brian Tracy ensina em *Metas* como assumir pleno controle da própria vida. Através do prático e comprovado processo de estabelecimento e concretização de objetivos, é possível realizar muito em pouco tempo. Tracy reuniu 21 das mais importantes ideias e estratégias para alcançar com sucesso seus objetivos, resumidas em um segredo bastante simples: anotar por escrito as metas, fazer planos para alcançá-las e trabalhar diariamente, sem medo de suar a camisa.

O EMPREENDEDOR
Peter B. Kyne

A história de um veterano de guerra que convence um empresário a testá-lo em uma missão impossível, que põe à prova valores essenciais como honestidade, determinação, paixão e responsabilidade. Uma mensagem de iniciativa, dinamismo e compromisso com o sucesso capaz de mudar sua vida.

O DNA DO SUCESSO
Jack M. Zufelt

Considerando crenças populares sobre o que é sucesso e como ele pode ser alcançado, o autor mostra que as ferramentas para atingi-lo não podem ser encontradas em uma técnica ou metodologia específica, mas estão dentro de cada um – todos possuem o DNA do sucesso e são capazes de atingir seus objetivos na vida. Com histórias reais, depoimentos, dicas e conselhos comprovados, Zufelt ensina a agir de modo eficiente na busca por seus Desejos Essenciais.

A ARTE DO COMEÇO
Guy Kawasaki

Em *A arte do começo*, Guy Kawasaki, um dos estrategistas mais originais e irreverentes do mundo empresarial, apresenta um guia indispensável para qualquer pessoa que esteja começando qualquer negócio, seja uma multinacional ou uma ONG. Levantar dinheiro, contratar as pessoas certas, definir seu posicionamento, promover uma marca, gerar entusiasmo, tirar os concorrentes da jogada, gerir uma diretoria, incentivar a comunidade – este livro vai ajudá-lo a desenvolver habilidades para lidar com essa arte: a arte do começo.

ALAVANQUE SEU POTENCIAL
Scott Blanchard e Madeleine Homan

Este livro revela os principais segredos e técnicas usados pelos *coaches*, profissionais que ajudam outros profissionais a descobrirem o que é realmente importante em suas vidas. Os autores ensinam como fazer escolhas objetivas, eliminar o que é irrelevante e agir de maneira efetiva para conquistar tudo aquilo que se deseja.

COMO NADAR ENTRE OS TUBARÕES SEM SER COMIDO VIVO
Harvey B. Mackay

Este livro, que já atingiu a marca de 4 milhões de exemplares vendidos, oferece histórias precisas sobre como fazer com que seu negócio e sua vida pessoal sejam um sucesso. O autor Harvey B. Mackay, fundador da Mackay Envelope Company, cuja receita hoje é de 100 milhões de dólares, ensina a superar a concorrência nas vendas, no gerenciamento, na motivação e na negociação.

Este livro foi impresso no
Sistema Digital Instant Duplex da Divisão Gráfica da
DISTRIBUIDORA RECORD DE SERVIÇOS DE IMPRENSA S.A.
Rua Argentina, 171 - Rio de Janeiro/RJ - Tel.: 2585-2000